So wird es gemacht:

Öffne das mini LÜK-Kontrollgerät und lege die Plättchen in den unbedruckten Deckel!

Jetzt kannst Du auf den Plättchen und im Boden des Kontrollgerätes die Zahlen 1 bis 12 sehen.

Beispiel: Seite 2
B oder P?
Nimm das Plättchen 1 und sieh dir die Abbildung zu Aufgabe 1 an. Beginnt das abgebildete Wort mit B oder P?
Das Wort Pilz beginnt mit P.
Unter dem P steht die Zahl 10.
Das ist die Feldzahl, auf die du das Plättchen legen musst.
Lege also das Plättchen 1 auf das Feld 10 im Kontrollgerät.
Die Zahl 1 muss nach oben zeigen.

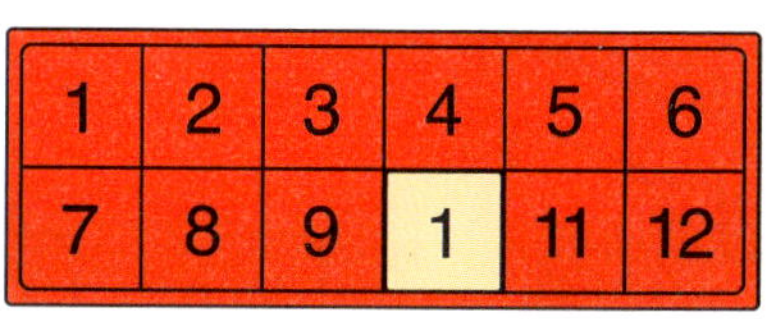

So musst du weiterarbeiten, bis alle 12 Plättchen im Kontrollgerät liegen.
Schließe dann das Gerät und lege es herum. Öffne es von der Rückseite! Wenn du das bei der Übungsreihe abgebildete Muster siehst, hast du alle Aufgaben richtig gelöst. Passen einige Plättchen nicht in das Muster, dann hast du dort Fehler gemacht. Wende diese Plättchen dort, wo sie liegen, um, schließe das Gerät, lege es herum und öffne es wieder. Nun kannst du sehen, welche Aufgaben du falsch gelöst hast. Nimm jetzt diese Plättchen heraus und suche die richtigen Ergebnisse!
Kontrolliere dann noch einmal!
Stimmt jetzt das Muster?

Und nun viel Spaß!

B oder P?

Womit beginnt das Wort?

D oder T am Wortanfang?

Schaffst du das ohne Fehler?

D	T
8	7
10	4
9	12
11	2
6	3
1	9
7	8
4	10
5	6
2	1
11	12
3	5

1

2

3

4

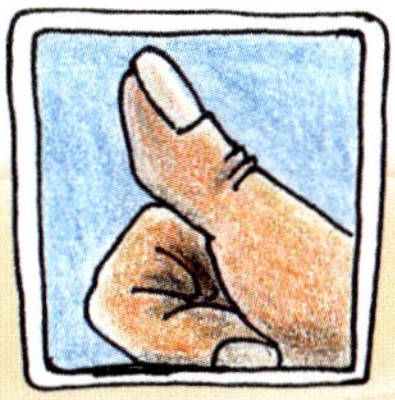

5

6

7

8

9

10

11

12

Jetzt geht es um d oder t!

Wie fängt das hervorgehobene Wort an?

Nr.	Satz	d	t
1	Kannst du gleich an mich …enken?	3	4
2	Für die Rüben ist das Wetter zu …rocken.	9	7
3	Schnecken …ragen ihr eigenes Haus.	6	12
4	Womit kann ich Ihnen …ienen?	4	10
5	Vater und Mutter …anzen zusammen.	8	6
6	Hast du …ann Zeit für mich?	2	3
7	Sankt Martin …eilte seinen Mantel.	11	10
8	Ich kann …ich gut leiden.	1	2
9	Der Schütze …raf den Vogel.	7	5
10	Plötzlich wurde es …unkel.	9	12
11	Die Wurzel reicht …ief in die Erde.	1	11
12	Leihst du mir …einen Füller?	8	5

d oder t am Wortende?

Verlängere die Wörter!

d	t
1	5
3	7
10	5
9	12
4	6
2	11
12	6
1	2
7	9
4	11
3	10
8	5

1 ach

2 Bar

3 San

4 Or

5 Freun

6 Pfer

7 Hu

8 wil

9 Mona

10 gu

11 Hun

12 Han

Und wieder geht es um d oder t!

Auf das Wortende kommt es an.

		d	t
1	In Höhlen gibt es nur wenig Lich★.	2	1
2	Auf dem Fel★ spielen Hasen Nachlaufen.	5	6
3	Der Sturm drückte die Wan★ ein.	10	4
4	In der nächsten Nach★ haben wir Vollmond.	5	2
5	Der Mun★ des Pferdes heißt Maul.	4	10
6	Wir spielen in der frischen Luf★.	1	6
7	Ulis Freun★ heißt Michael.	8	7
8	In meiner Familie verstehe ich kein Wor★.	12	11
9	Das Hem★ aus dem Katalog gefällt mir.	9	3
10	Dieser Satz ist schlech★.	8	7
11	Morgens trinke ich ein Glas Saf★.	9	3
12	Kein Kin★ ärgert gern die Lehrerin.	12	11

Schlussübung d oder t

Das kannst du jetzt!

		d	t
1	Gesich ★	7	11
2	dor ★	12	4
3	Mon ★	8	10
4	Win ★	12	3
5	Zei ★	1	2
6	Aben ★	3	5
7	frem ★	6	9
8	Bro ★	6	10
9	har ★	4	7
10	Ban ★	5	8
11	run ★	1	11
12	al ★	2	9

S oder Z?

Wie fängt das Wort an?

S	Z
2	1
3	11
10	5
8	7
1	4
6	12
9	2
5	10
4	9
7	8
11	3
12	6

Wörter mit s oder z

Ordne richtig zu!

S	Z
6	1
2	8
10	9
11	3
4	7
1	10
12	5
8	2
9	6
11	12
5	3
4	7

Rechtschreibübung mit s oder z

Wie wird das Wort am Ende geschrieben?

		s	z
1	Bu	5	6
2	Schmer	3	1
3	Mau	4	9
4	Prei	6	12
5	stol	7	10
6	Lo	2	11
7	Hol	4	12
8	Schwan	8	7
9	Hal	3	5
10	Her	2	11
11	Sal	12	9
12	Ei	8	1

s oder z am Wortende?

Schaffst du das ohne Fehler?

1

s 8 | z 10

2

s 6 | z 3

3

s 1 | z 7

4

s 2 | z 9

5

s 7 | z 4

6

s 10 | z 11

7

s 3 | z 1

8

s 9 | z 12

9

s 11 | z 8

10

s 4 | z 5

11

s 12 | z 2

12

s 5 | z 6

M oder N?

Womit beginnt das Wort?

		M	N
1	… in der _acht schlafen	1	11
2	… stumpfe _esser schärfen	7	4
3	… _udeln in der Hühnersuppe	6	9
4	… auf den _üll werfen	12	5
5	… _ensch ärgere dich nicht	3	2
6	… den Tieren _amen geben	10	8
7	… ein _eter vor dem Abgrund	6	12
8	… _ägel aus dem Balken ziehen	11	1

		M	N
9	… drei _inuten bis Schulschluss	10	3
10	… sich den _und abputzen	5	8
11	… die _atur schützen	9	4
12	… auf die _ase fallen	7	2

Jetzt geht es um m oder n!

Beginnt das Lückenwort mit m oder mit n?

m	n		
8	10	… den Teufel „Stinker“ _ennen	1
4	1	… _eben die Klingel spucken	2
6	3	… nicht in die Schule _üssen	3
5	9	… den Hund _icht beißen	4

m	n		
12	7	… Schrauben mit Quark _ögen	5
2	1	… ein Bild ins Rechenbuch _alen	6
1	3	… auch im Gefängnis _och stehlen	7
7	6	… die Länge des Kaugummis _essen	8

m	n		
10	5	… die Schnecke _ach Hause begleiten	9
4	12	… Spüli mit Limo _ixen	10
11	9	… mit „Opa“ den Lehrer _einen	11
2	8	… beim Abschreiben _ichts sehen können	12

n oder m am Wortende?

Sprich jedes Wort deutlich aus!

G/g- oder K/k-Laute?

Höre genau in jedes Wort hinein!

ei oder eu?

Welchen Vokal hörst du?

eu oder äu?

Auf das Mutterwort kommt es an: träumen – Traum!

		eu	äu
1	tr … men	1	9
2	Fr … nde	7	4
3	R … ber	3	12
4	M … se	2	10
5	n …	6	5
6	H … ser	11	8
7	Sch … ne	4	9
8	L … te	1	10
9	Str … cher	3	11
10	L … fer	8	3
11	t … er	5	6
12	f … cht	2	7

o oder eu?

Hörst du einen o- oder eu-Vokal?

ei oder a?

Worin steckt ein ei, worin ein a?

a oder au?

Diese Übung kannst du jetzt bestimmt

i oder e?

Sprich jedes Wort zunächst einmal deutlich aus!

i e

e, i oder ü?

Welchen Vokal hörst du?

Hier geht es um e oder ä?

Auf das Mutterwort kommt es an: Ball – Bälle!

e ä

		e	ä
1	H … xe	8	4
2	B … lle	1	10
3	H … nde	2	11
4	K … rze	7	12
5	W … lder	3	5
6	F … nster	9	6
7	H … fte	1	10
8	R … der	5	4
9	W … tter	12	7
10	M … nner	8	2
11	Z … hne	9	6
12	F … lder	3	11

Fehlt ein e oder ä?

Das kannst du jetzt!

1 H mden

2 H nde

3 w rfen

4 N chte

5 h lfen

6 k nnen

7 H schen

8 V ter

9 M sser

10 Schr nke

11 w cken

12 W sche

e	ä
11	6
5	9
8	1
3	12
2	7
10	11
8	6
4	3
7	10
9	5
1	12
2	4

Pf oder F am Wortanfang?

Mit welchem Buchstaben beginnt das Wort?

Noch eine Übung zu F oder Pf!

Sprich jedes Wort ganz deutlich aus!

		F	Pf
1	effer	6	4
2	alle	8	1
3	erien	11	9
4	iff	7	3
5	leisch	5	12
6	anne	10	1
7	lanze	8	9
8	aust	2	3
9	erd	5	6
10	inger	10	2
11	reitag	12	4
12	ennig	11	7

pf oder f?

Welchen Buchstaben hörst du im Wort?

pf	f
9	11
10	4
1	8
6	5
7	2
11	9
12	3
4	10
2	1
5	6
8	7
3	12

1

2

3

4

5

6

7
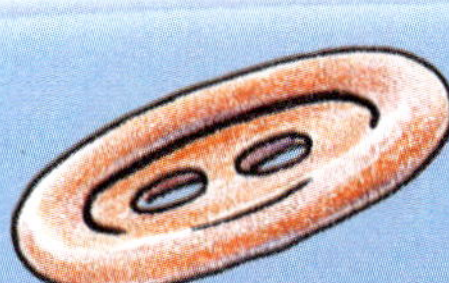

8

9

10

11

12

Einsetzübung am Wortanfang:
S/s – Sch/sch

Hier musst du gut aufpassen!

1 till
s 3 – sch 2

2 warz
s 7 – sch 1

3 tramm
s 6 – sch 10

4 tumm
s 4 – sch 9

5 limm
s 8 – sch 12

6 nell
s 11 – sch 4

7 rank
S 12 – Sch 10

8 tange
S 7 – Sch 12

9 lange
S 1 – Sch 5

10 tall
S 9 – Sch 6

11 turm
S 11 – Sch 3

12 wanz
S 4 – Sch 8

Wortanfänge mit S/s und Sch/sch

Lass dich nicht verwirren!

1 lagen
s 3 | sch 12

2 pringen
s 8 | sch 2

3 wimmen
s 1 | sch 9

4 pazieren
s 11 | sch 8

5 pinnen
s 3 | sch 2

6 reien
s 10 | sch 7

7 patz
S 5 | Sch 12

8 pitze
S 2 | Sch 9

9 necke
S 11 | Sch 10

10 mutz
S 7 | Sch 6

11 pannung
S 4 | Sch 5

12 ritt
S 3 | Sch 1

Groß- und Kleinschreibung

Welches Wort wird klein geschrieben?

1	BETT	5	LEGEN	11
2	NICHT	1	KIND	9
3	SESSEL	2	SITZEN	10
4	OFT	6	WALD	3
5	VORN	4	REIHE	1
6	AUF	8	DECKE	10
7	TIER	11	HELFEN	12
8	UNFALL	6	HIER	7
9	ÜBER	9	GLUT	8
10	ALLEIN	5	SEE	10
11	STADT	4	DORT	3
12	HOCH	2	BAUM	12

Groß- und Kleinschreibung

Welches Wort wird groß geschrieben?

1	den RING an den Finger STECKEN	11	2
2	die KORDEL an den Drachen BINDEN	1	12
3	bei SCHLECHTEM WETTER im Haus bleiben	5	4
4	in der Nacht VIELE STERNE sehen	9	6
5	dem KIND ein Märchen ERZÄHLEN	10	4
6	mit der FAMILIE in Urlaub FAHREN	8	11
7	FRISCHEN Wind am MEER lieben	1	12
8	TROCKENES Holz in den OFEN schieben	11	7
9	NUDELN lieber essen ALS Suppe	3	6
10	das SPIEL leider VERLIEREN	5	10
11	auf die FERIEN WARTEN	9	3
12	sich mit WARMEM WASSER waschen	7	2

b oder p?

Welcher der beiden Buchstaben steckt im Wort?

		b	p
1	… an der Am__el halten	10	1
2	… einen Brief schrei__en	4	2
3	… laut hu__en	7	6
4	… die Tau__en füttern	8	9
5	… in der Fa__rik arbeiten	12	11
6	… das Pa__ier verbrennen	5	3
7	… die Blumen lie__en	2	8
8	… die Ta__ete bemalen	12	10
9	… eine Schrau__e lösen	11	1
10	… im Fe__ruar feiern	7	6
11	… beim Sportfest hum__eln	3	5
12	… die Kisten sta__eln	4	9

d oder t im Wortinneren?

Sprich jedes Wort ganz deutlich aus!

d	t		
3	10	… den Kranz bin_en	1
7	8	… die El_ern lieben	2
2	11	… den Gar_en umgraben	3
4	6	… durch die Wiesen wan_ern	4
12	5	… auf Eseln rei_en	5
1	9	… in Geld ba_en	6
10	4	… viel größer wer_en	7
8	2	… dem Va_er helfen	8
6	1	… die Wun_e verbinden	9
9	5	… neue Klei_er tragen	10
11	12	… über die Schul_er schauen	11
3	7	… die Zei_ung lesen	12

ng oder nk?
Schaffst du das ohne Fehler?

		ng	nk
1	… über die Erbsen spri en	7	5
2	… mit dem Eigelb bli en	8	10
3	… sich mit der Zwiebel za en	11	12
4	… den Braten mit Zucker bespre en	2	4
5	… mit der Blutwurst ri en	6	1
6	… das Auto in den Kanal le en	3	9

		ng	nk
7	… als Nachtisch Ameisen verla en	8	12
8	… mit Wurstscheiben wi en	7	4
9	… um die Schokolade ba en	5	9
10	… Nudeln unter Heringe me en	1	10
11	… Öfen mit Suppe beta en	6	11
12	… für den Mist schön da en	2	3

Nochmals: Heißt es ng oder nk?

Hier geht es um das Wortende!

		ng	nk
1	Ba	6	3
2	Ri	1	10
3	kra	11	6
4	Wohnu	4	5
5	Spannu	12	7
6	Gele	9	2
7	stre	10	4
8	Schra	8	7
9	Gesa	5	3
10	fli	2	9
11	Spru	11	12
12	Gesche	1	8

Gesucht: die letzten Buchstaben!

Bei dieser Übung musst du sehr gut aufpassen!

1	Das Feuer bre … .	nt	12	nnt	4
2	Gerd ho … Eis.	lt	6	llt	9
3	Oma hö … schlecht.	rt	1	rrt	8
4	Peter i … sich.	rt	2	rrt	3
5	Hasso ke … mich.	nt	10	nnt	7
6	Ina ma … gern.	lt	5	llt	11
7	Der Ball ro … .	lt	4	llt	9
8	Das Spiel begi … .	nt	1	nnt	12
9	Meine Nase läu … .	ft	2	fft	5
10	Vater schlä … noch.	ft	10	fft	6
11	Uwe re … fort.	nt	7	nnt	8
12	Der Lehrer lo … mich.	bt	11	bbt	3

g oder ch am Wortende?

Wenn du jedes Wort verlängerst, ist die richtige Antwort leicht zu finden!

Nr.	Wort	g	ch
1	drecki	7	9
2	Bau	11	3
3	Honi	12	10
4	feindli	8	2
5	fröhli	1	6
6	Käfi	4	5
7	Krie	8	12
8	freundli	3	9
9	lusti	5	2
10	schwieri	1	4
11	schreckli	7	11
12	weni	10	6

Dopplung, ja oder nein?

Achte auf die Aufgabenstellung!

1	bi en	t	6	tt	2
2	Bei	n	4	nn	7
3	sti	l	12	ll	5
4	So e	n	8	nn	1
5	ha en	b	11	bb	10
6	ho en	l	3	ll	9
7	i en	r	11	rr	7
8	Fe ster	n	10	nn	3
9	a es	l	4	ll	6
10	blu en	t	8	tt	5
11	lan en	d	12	dd	1
12	me en	s	2	ss	9

Nochmals: Thema Dopplung!

Wie muss es hier heißen?

1	Ho e	s	1	ss	9
2	Kla e	s	5	ss	11
3	sti	l	11	ll	9
4	Scha	f	8	ff	2
5	Wa er	s	4	ss	3
6	Na e	s	6	ss	7
7	Mu d	n	2	nn	8
8	ko en	m	3	mm	5
9	mei en	n	10	nn	12
10	schne	l	6	ll	7
11	tre en	t	4	tt	1
12	Mi e	t	10	tt	12

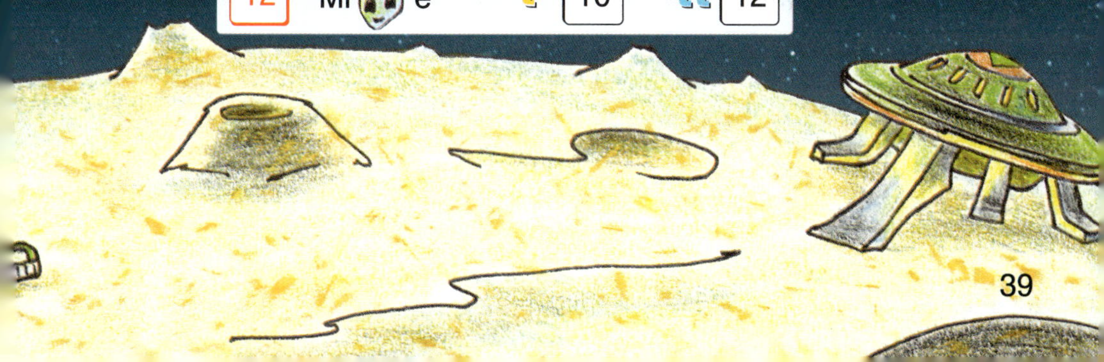

Durchgliederung

Welche Selbstlaute gehören in das Wort?

1	D z mb r	e e e	2	e i ä	9
2	D nn rst g	o e a	6	a e o	7
3	G s cht r	ä i a	3	e i e	4
4	L s b ch	e e u	1	ä ä u	12
5	M nt g	u a ä	8	o a e	10
6	N v mb r	o e e	5	u ä ä	11
7	R d	a i u	4	a i o	7
8	S pt mb r	e e e	12	e e ä	10
9	P ll v r	u o e	3	u u a	2
10	J n r	a o a	6	a u a	8
11	M sch n	a i e	9	a ü ä	1
12	R k t	a ä e	5	a e e	11

Einsetzübung

Finde die richtige Zuordnung!

1	umfa en	l	8	ll	4
2	Fe sterglas	n	6	nn	4
3	Abendhi el	m	11	mm	1
4	Wohnzi er	m	2	mm	3
5	abho en	l	7	ll	9
6	einkau en	f	5	ff	12
7	Kilome er	t	9	tt	3
8	durchtre en	n	5	nn	12
9	Le ebuch	s	2	ss	10
10	hinste en	l	6	ll	10
11	losla en	s	4	ss	8
12	hinwer en	f	11	ff	1

Doppelt oder einfach?

Lustige Fragen!

1	Kann ein Ba … Schi fahren?	l	9	ll	5
2	Wer kennt eine gesu … de Krankenschwester?	n	7	nn	12
3	Musst du unbedingt unter dem Stuhl e … en?	s	5	ss	3
4	Warum kannst du nicht mit dem Ohr le … en?	s	12	ss	8
5	Freut sich dein Me … er auf seinen Geburtstag?	s	1	ss	9
6	Fährt das Nashorn mit dem Ro … er über das Eis?	l	3	ll	2
7	Hat sich die Schildkröte im Kä … e versteckt?	s	6	ss	12
8	Warum wo … en Schnecken nicht hüpfen?	l	4	ll	1
9	Steckst du immer Steine in das Ki … en?	s	6	ss	4
10	Reitet dein Opa o … t auf einem Flugzeug?	f	11	ff	2
11	Sonnt sich die Kuh auf der Lei … er?	t	10	tt	11
12	Will euer Ra … io auch immer Eis essen?	d	8	dd	7

Verben mit und ohne Dopplung

Wie wird das Wort geschrieben?

5	llt	4	lt	Die Peitsche kna .	1
1	fft	10	ft	Der Vater ru .	2
8	pt	2	pt	Das Auto hu .	3
12	nnt	11	nt	Der Sportler re .	4
8	fft	6	ft	Der Schütze tri .	5
12	mmt	9	mt	Der Schreiner lei .	6
3	llkt	6	lkt	Die Blume we .	7
4	mmt	8	mt	Der Sommer ko .	8
9	nnt	7	nt	Das Mädchen stau .	9
11	ppt	2	pt	Der Hund schna .	10
1	rrt	5	rt	Die Scheibe kli .	11
7	llt	3	lt	Der Arzt hei .	12

i oder ie?

Setze richtig ein!

i ie

		i	ie
1	B_r	6	3
2	Br_f	10	1
3	F_sch	6	5
4	s_ngen	4	11
5	fl_gen	9	12
6	St_r	4	2
7	v_r	6	10
8	Kön_g	7	1
9	B_rne	5	12
10	B_ld	9	6
11	z_hen	3	11
12	K_rche	8	2

Heißt es i oder ie?

Schaffst du das fehlerfrei?

1	v_l	1	7
2	h_n	11	2
3	w_r	10	11
4	Z_l	4	8
5	h_r	5	4
6	b_s	12	3
7	T_r	9	2
8	d_r	5	10
9	m_t	9	8
10	S_g	7	1
11	m_r	3	6
12	l_b	12	6

i ie

Dehnungs-h

Wird das Wort mit Dehnungs-h geschrieben?

1	f … ren	ah	7	a	11
2	Gem … se	üh	8	ü	5
3	fr … lich	ö	1	öh	4
4	st … len	eh	2	e	6
5	Bl … se	uh	9	u	10
6	T … fel	a	12	ah	3
7	K … le	o	4	oh	8
8	schw … r	e	11	eh	2
9	H … nig	o	3	oh	12
10	L … rer	e	7	eh	1
11	z … n	e	5	eh	9
12	L … we	ö	6	öh	10

Dehnung, ja oder nein?

Achte genau auf die Fragestellung!

1	n men	eh	1	e	2
2	R gen	eh	4	e	5
3	K nig	öh	6	ö	10
4	f ren	ah	2	a	1
5	f len	eh	4	e	10
6	V gel	oh	5	o	6
7	z len	äh	8	ä	3
8	m gen	öh	7	ö	11
9	T ben	uh	12	u	9
10	R men	ah	7	a	8
11	B cher	üh	9	ü	3
12	f ren	üh	12	ü	11

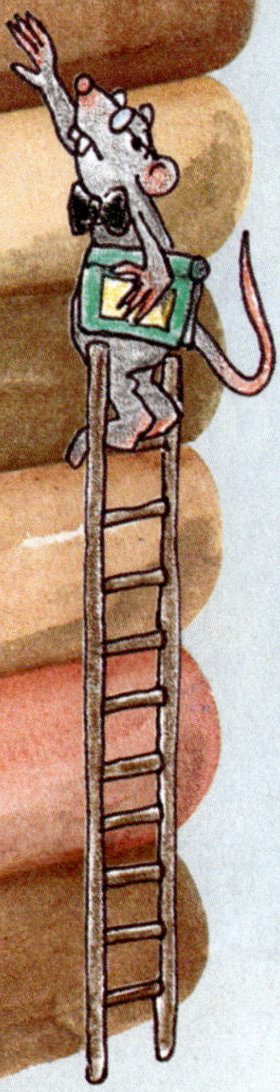

k oder ck?

Denke daran: nach l, m, n und r steht nie ck!

1 mel_en
k 7 | ck 5

2 di_
k 10 | ck 3

3 star_
k 12 | ck 8

4 lin_s
k 2 | ck 11

5 lo_er
k 9 | ck 6

6 ju_en
k 1 | ck 4

7 pi_en
k 12 | ck 8

8 par_en
k 9 | ck 3

9 zu_en
k 6 | ck 5

10 mer_en
k 1 | ck 2

11 wel_en
k 11 | ck 4

12 ti_en
k 7 | ck 10

Noch einmal: k/ck?

Das schaffst du jetzt ohne Probleme!

1	A_er	k 8	ck 12
2	Wol_e	k 3	ck 2
3	Par_	k 7	ck 5
4	Bä_er	k 9	ck 11
5	Vol_	k 1	ck 10
6	Ja_e	k 6	ck 4
7	Ban_	k 5	ck 12
8	Na_en	k 7	ck 9
9	Zir_el	k 8	ck 11
10	Bir_e	k 6	ck 4
11	So_en	k 3	ck 2
12	E_e	k 1	ck 10

z oder tz?

Es gilt die Regel: nach l, m, n und r steht nie tz!

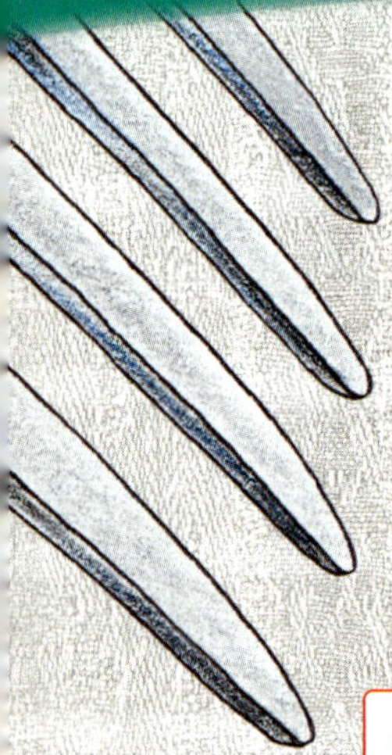

		z	tz
1	Der Ar…t ist fleißig.	12	11
2	Die Wur…el ist zu lang.	10	3
3	Mäuse fängt die Ka…e.	4	7
4	Der Spa… ist ein Vogel.	6	5
5	Eine Gla…e hat keine Haare.	2	1
6	Auch Bäume sind Pflan…en.	9	8
7	Der Sa… ist zu lang.	10	11
8	Die Köchin trägt eine Schür…e.	4	5
9	Bären haben Ta…en.	12	2
10	Alle Länder haben Gren…en.	6	7
11	Viele Pil…e sind giftig.	8	9
12	Wi…e sind lustig.	1	3

Fortsetzung: z oder tz?

Arbeite sorgfältig und genau!

tz	z		
3	1	… sich mit Gabeln kra _ en	1
10	11	… den Misthaufen gan _ umgraben	2
8	7	… dem Hai die Zähne pu _ en	3
5	4	… auf Ohrfeigen stol _ sein	4
9	2	… vor Freude glän _ en	5
12	6	… aus den Nähten pla _ en	6
4	10	… sich in den Eimer stür _ en	7
5	11	… die Pfanne auf den Kopf se _ en	8
7	3	… Mutti unter dem Arm ki _ eln	9
12	9	… den Besuch her _ lich verabschieden	10
8	1	… wie ein Schwein grun _ en	11
6	2	… die Faust vor dem Boxer schü _ en	12

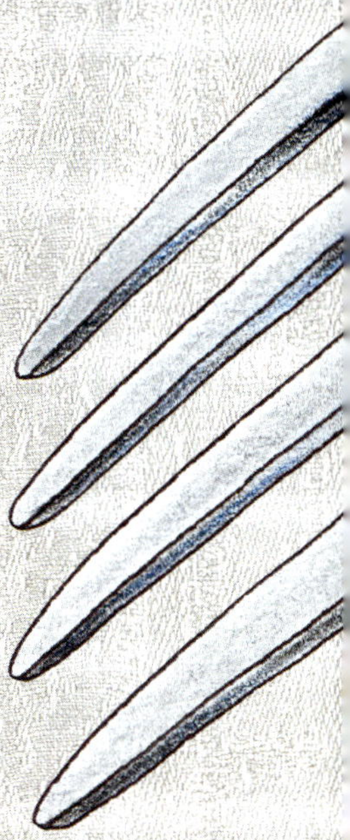

Qu oder Ku am Wortanfang?

Diese Übung ist nicht leicht!

1 ● alm 9 2

2 ● chen 8 12

3 ● gel 6 7

Qu

Ku

4 ● ark 10 4

5 ● nst 11 1

6 ● elle 5 3

7 ● adrat 4 10

8 ● ss 9 6

9 ● artett 2 1

10 ● sine 7 3

11 ● atsch 8 12

12 ● ckuck 5 11

Heißt es qu oder ku?

Hier musst du gut nachdenken!

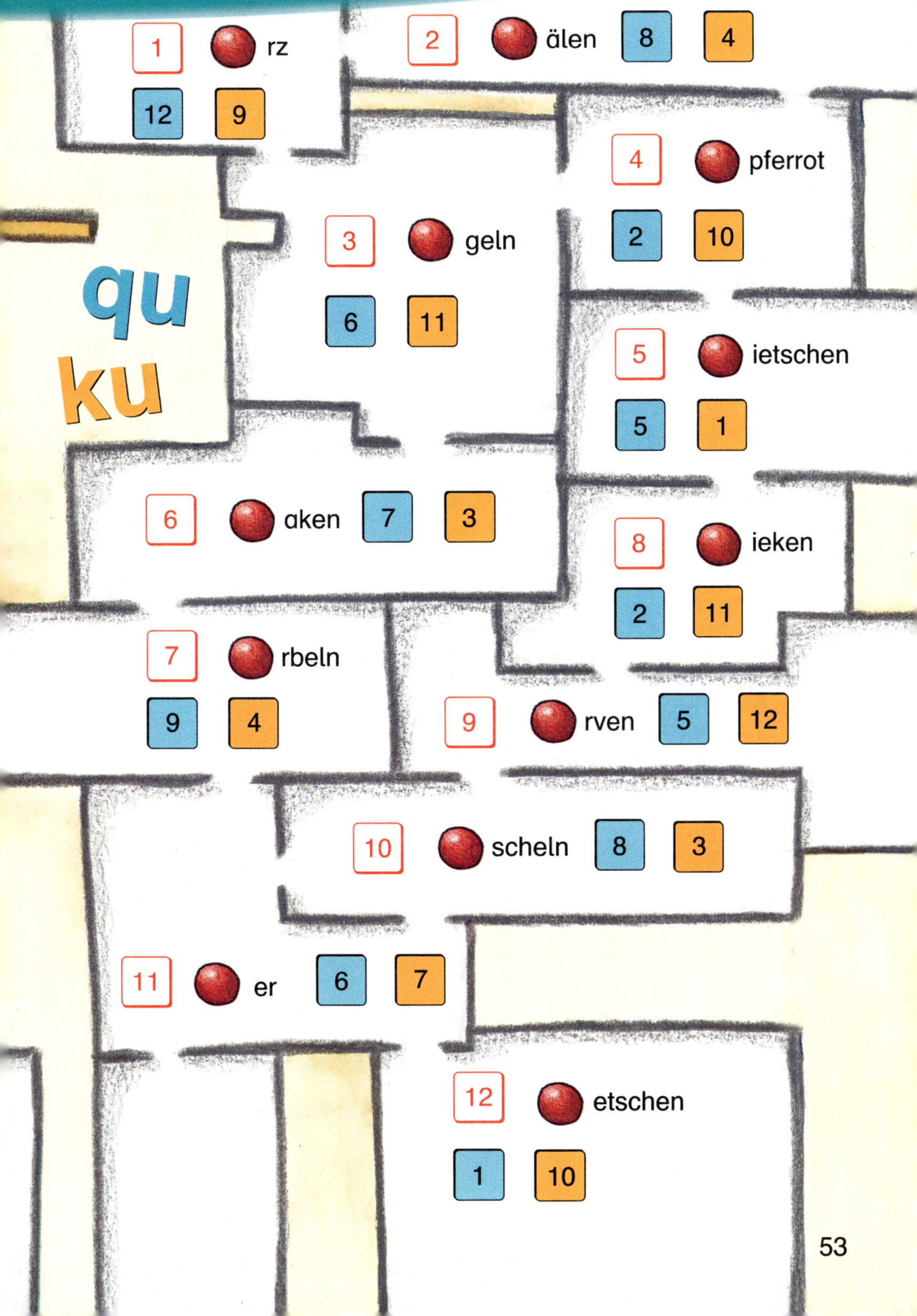

v oder f?

Fülle die Lücken richtig aus!

		v	f
1	die Nase _oll haben	4	2
2	_iele Freunde haben	8	10
3	den Schatz _inden	9	11
4	eine _alsche Auskunft	1	3
5	_orne im Sturm spielen	5	12
6	mit _euchter Aussprache	6	7
7	_or dem Spiegel stehen	9	11
8	_risch auf den Tisch	4	2
9	_iolette Farbe benutzen	12	3
10	_ier Spieler gewinnen	10	7
11	_rei von Sorgen sein	8	6
12	nach dem Weg _ragen	5	1

Einsetzübung mit V oder F

Schaffst du das ohne Fehler?

		V	F
1	anilleeis mit Sahne	6	7
2	viele erkel im Stall	8	2
3	Blumen in der ase	9	12
4	eilchen zum Geburtstag	5	11
5	die enster streichen	10	3
6	ater kann alles	1	4
7	die liege auf der Nase	2	11
8	die ögel füttern	8	5
9	den ulkan besteigen	10	6
10	wie ein rosch hüpfen	1	12
11	mit dem üller schreiben	9	4
12	leisch aus der Dose	3	7

e, i oder ü am Wortanfang?

Lies die Sätze sorgfältig durch!

		e	i	ü
1	Feuer ist …mmer heiß.	11	7	10
2	Gerds Lederhose ist zu …ng.	5	1	4
3	Werner muss täglich …ben.	8	2	10
4	Jeder Mensch kann sich …rren.	6	2	12
5	Die Brücke führt …ber den Fluss.	9	7	4
6	Meine Eltern …ssen gerne Muscheln.	12	3	5
7	Fruchteis ist …beraus lecker.	5	9	8
8	Der Geist saß …m Flaschenbauch.	2	11	3
9	Die Turmuhr geht …twas vor.	9	4	6
10	Auf dem Boden lag …berall Sand.	7	8	1
11	Opa kann spannend …rzählen.	3	10	11
12	Der Baum war …nnen hohl.	12	6	1

Ordne die fehlenden Buchstaben richtig zu!

1 Janua

2 F bruar

3 M rz

4 A ril

5 M i

6 Jun

7 Ju i

8 Aug st

9 Septe ber

10 Okt ber

11 Novem er

12 De ember

Ein Buchstabe zu viel!

Welcher muss gestrichen werden?

1 Lichnt

2 Feuser

3 Lekiter

4 Monabt

5 Schwangz

6 Wohfnung

7 Farube

8 Schwepin

9 Wlind

10 Wasmser

11 Kuchein

12 Hwase

w	10	l	7	g	8
i	1	u	6	b	12
s	3	f	4	m	11
p	9	k	2	n	5

Silbentrennung

Wie viele Silben hat das Wort?

Sprich deutlich: Lö-wen-kä-fig!

		2 Silben	3 Silben	4 Silben
1	Löwenkäfig	8	3	7
2	Schlange	11	4	1
3	Affenhaus	5	10	12
4	Giraffe	11	8	6
5	Krokodile	1	9	4
6	Schildkröte	3	12	2
7	Tiger	2	10	7
8	Bärenjunges	9	11	5
9	Bussard	9	11	10
10	Bahnhofshalle	7	12	1
11	Zebrahengst	9	3	4
12	Antilope	5	2	6

Gesucht: die zweite Silbe!

Ordne richtig zu!

1 Hampelmann
2 Ferien
3 Gartenstuhl
4 Himbeereis
5 Küchentisch
6 Arbeitsheft
7 Rosenkohl
8 Laterne
9 Wanderung
10 Fernseher
11 bezahlen
12 einkaufen

beer 5
chen 7
beits 3
ri 4
ten 1
pel 6
zah 8
de 2
kau 9
sen 11
ter 10
se 12

Welche Silbe kommt in dem Wort vor?

1	Holzkiste	kis	7	ki	3
2	Sandalen	da	5	dal	12
3	Fernseher	seh	6	se	4
4	Computer	put	8	pu	2
5	Mondlandung	lan	10	la	11
6	Maurerhammer	ha	1	ham	12
7	Kopfkissen	ki	2	kis	8
8	Lockenwickler	cken	11	ken	9
9	Babynahrung	nahr	5	nah	3
10	Pferdestall	de	1	des	2
11	Lokomotive	mo	9	mot	7
12	Regenwetter	we	4	wet	6

Finde die richtige Silbe!

1	Bäckerei	cke	4	ke	9
2	Hochgebirge	geb	10	ge	8
3	Schiedsrichter	ri	2	rich	11
4	Suppenkasper	kas	3	ka	6
5	Haltestelle	ste	8	stel	5
6	Kilometer	me	1	met	12
7	durchrosten	ro	7	ros	9
8	Vogelhäuschen	häus	2	häusch	4
9	Flughafen	haf	11	ha	6
10	Milchbecher	cher	10	bech	1
11	Kartenspieler	spie	12	spiel	3
12	Kindergarten	gart	5	gar	7

Heißt es s oder ß?

Sprich jedes Wort sehr deutlich aus!

Nr.	Wort	s	ß
1	Stra▼e	5	1
2	Ho●e	9	8
3	flie■en	11	6
4	bei■en	3	2
5	Kä▼e	12	7
6	le●en	10	4
7	flei■ig	9	8
8	schlie▼en	12	3
9	ra●en	5	2
10	Rei▼e	7	1
11	grü●en	10	11
12	Mei■e	4	6

2

miniLÜK Spielen,

Die 2in1 miniLÜK Lernspielhefte

für Kids der Klassen 1 bis 4

ABC
Buchstabenspiele von A bis Z
- erkennen und unterscheiden, zuordnen und verknüpfen der Buchstaben -
ISBN 3-89414-705-9

Wörterspiele
Eine ideale Vorbereitung, um das Erstlesen der wichtigsten Grundwörter zu trainieren. Es wird mit Bild-Wort-Zuordnungen und Bild-Wort-Verknüpfungen gelernt; eine gute Grundlage, um längere Texte richtig zu begreifen.
ISBN 3-89414-708-3

Der kunterbunte Rechendrache
Einfache Zählübungen werden schnell von differenzierten Trainingsreihen zur Addition und Subtraktion bis 12 abgelöst.
Dann wird weitergeübt mit vermischten Übungen im Zahlenraum bis 20.
ISBN 3-89414-233-2